# COUP-D'OEIL

## SUR LA SITUATION.

## 1858.

# COUP-D'OEIL

## SUR LA SITUATION.

Le dernier attentat dirigé contre la vie de Napoléon III a fixé l'attention de quelques esprits sur la nature du crime, sur le caractère, sur la triste histoire des hommes auxquels l'opinion publique l'a déjà imputé, et sur les rapports qu'on peut constater entre les succès que les conspirateurs rêvaient et les haines et les espérances d'une dynastie étrangère. Il est vrai que ces haines et ces espérances ne sont révélées que par des correspondances privées ou par des journaux ; mais il est en même temps incontestable que cette dynastie résume en elle tous les intérêts des hommes et des choses que la révolution française a ruinés et que la résurrection de l'Empire semble à chaque instant menacer. C'est pour mettre nettement en évidence tout un côté de la situation politique actuelle que nous allons exposer les appréciations suivantes à l'impartialité du jugement public.

Cette suite d'attentats commis par des hommes appartenant toujours à la même Nation peut-elle être considérée comme la révélation d'une haine, d'une vengeance nationale ? Doit-on attribuer à l'esprit de toute une race le crime de quelques misérables ? Les faits impartialement examinés repondront d'eux-mêmes à cette question, et leur réponse sera bien plus utile à l'histoire qu'à la défense de l'honneur d'une grande Patrie aussi noble que malheureuse. Ajoutons aussi qu'il faut se hâter d'extirper les germes de haine que la main ensanglantée de cinq ou six assassins stipendiés a jetés entre deux nations dont l'alliance intime est commandée autant par leur parenté historique que par les intérêts de la civilisation et de l'humanité.

Et d'abord d'où vient l'initiative de ces attentats ? Est-ce du pays même dont les sicaires parlent la langue ? Est-ce quelque fanatique altéré de sang qui franchit les Alpes pour immoler l'objet de sa haine implacable ? Non ; ce qui caractérise ces complots c'est l'absence de spontanéité individuelle, car ils se rattachent tous, plus ou moins directement, à la pensée de quelques hommes organisant l'assassinat au sein des ténèbres. Les domiciles qu'un de ces hommes s'est élus en Europe sont très-nombreux et souvent inconnus. C'est là sa précaution et sa préoccupation prédominantes ; et l'on ne saurait méconnaître qu'il excelle dans l'art de se cacher. Mais ce qu'il est surtout nécessaire de faire observer, c'est que cet homme se cache même dans son propre pays qui est un des pays les plus libres de l'Europe. Ce n'est pas sa patrie qui le repousse, c'est lui qui repousse les saintes lois de sa patrie, car il ne pourrait y vivre qu'en conspirateur ou en tyran. C'est donc la tyrannie de sa faction qu'il tend à établir partout où il pousse ses bandes sanguinaires. Sa faction, telle quelle se trouve organisée aujourd'hui, n'a aucun caractère national. Les quelques hommes parlant la langue du chef ne sont qu'une fraction de cette prétendue association européenne, dont les membres sont devenus étrangers à leurs propres patries par le cosmopolitisme de leurs conspirations permanentes. On pourrait même dire que, par l'extravagance de leurs utopies et par l'orgueil d'une ambition en délire, ils sont devenus étrangers à l'humanité entière.

Il est difficile de constater le degré de solidarité entre les membres de cette association cosmopolite et les hommes qui ont pris à tâche d'organiser et de stipendier le régicide; mais, malgré cette difficulté, l'absence de caractère national est évidente.

Il s'est formé en Europe, par les fréquentes émigrations politiques, un peuple d'exilés vivant à part et représentant toutes les fureurs, toutes les convulsions d'un premier bouleversement révolutionnaire. On dirait que l'esprit des émeutes s'est retiré des masses pour se concentrer, pour s'incarner dans la personne de quelques malheureux qui en sont possédés. C'est un moment de rage populaire qui s'est immobilisé en quelques individus. Tous les exilés n'appartiennent pas à cette classe malheureuse dont l'existence présente un des plus singuliers phénomènes de pathologie morale. Il y a des esprits honnêtes et réfléchis qui ont trouvé dans l'exil, par leur probité, par leurs études, par un travail honoré, un foyer d'ardentes sympathies, de nouvelles idées et d'espérances nouvelles. La pensée et la réputation de quelques-uns d'entr'eux a grandi dans l'exil. Ils n'ont conservé de la Révolution que l'amour du progrès; et ils se sont attachés à comprendre et à respecter non-seulement les lois du pays qui leur a donné un asile, mais celles aussi que Dieu a imposées à l'histoire.

Ce n'est certes pas parmi ces hommes honorables que les entrepreneurs d'assassinats politiques comptent des amis ou trouvent des adeptes. Ils recrutent leurs prosélytes dans les rangs de ces émigrés qui forment, comme nous venons de le dire, un peuple à part. Ce sont des hommes qui ont presque oublié leur langue et dont la pensée s'est arrêtée à un moment funèbre de leur époque. Ils ne voient que ce moment marqué; ils ne peuvent pas en détourner les yeux, car ils y voient l'accomplissement de leurs rêves insensés. Abrutis par la misère et par l'oisiveté, ils sont tantalisés par la vision qui les obsède, et c'est quelquefois au moment le plus douloureux du désespoir qu'ils prennent des mains du tentateur envoyé le revolver du sicaire et le prix du sang. Ils vendent leur vie pour vivre, et ils attachent à leur nom et à celui de l'homme qui les stipendie une infamie éternelle.

Il appartenait à ces hommes étrangers à leur patrie, de ressusciter en plein dix-neuvième siècle la race des sicaires du moyen-âge. C'est par la poste qu'on envoie, avec des lettres de change, des mandats d'assassinat. La recette que ces grands hommes ont trouvée pour la guérison des maladies politiques et sociales dont le siècle est affligé, passera à la postérité comme un document précieux de la démence meurtrière des sectaires. « Voulez-vous rendre, disent-ils, à une vie nouvelle les nations « opprimées et le prolétariat épuisé ? N'écoutez point les niais « qui vous parlent de l'éclosion de nouvelles doctrines ou du « développement spontané et progressif des sociétés ; prenez « plutôt un bon poignard, un bon revolver ou bien un peu « de fulminate de mercure renfermé dans un boulet creux ; « exterminez tel souverain, et l'humanité est guérie. — D'autres « vous parleront d'une nouvelle organisation du crédit, de « sociétés qui commanditent le travail ou qui s'assurent mu- « tuellement ; ou bien de la possibilité de nouveaux événements « politiques ; nous signalons à votre attention le poignard, le « revolver et, au besoin, le fulminate de mercure. »

On se demande quel peut être l'esprit de ces hommes qui font quelquefois d'un bandit un sicaire politique ? Quel est l'esprit de leurs émissaires ? — Et qui donc oserait dire que c'est l'esprit d'une nation ? — Respectons la douleur d'une mère ; les gloires et les adversités de ses enfants sont assez nombreuses pour que nous ne lui reprochions point le crime de quelques-uns de ses fils voués par elle même à l'exécration du monde entier !

C'est du chef de ce parti qu'on peut dire : *nemo repente fuit turpissimus.* — Non : personne n'atteint d'un seul bond le comble de la perversité. Un grand crime peut être l'effet d'un instant ; mais la perversité, jamais.

Cet homme aussi a eu sa jeunesse ; c'est par l'erreur et non par le crime qu'il a débuté. Avant de songer à faire assassiner les Rois, il blessa de sa plume sa langue maternelle et la philosophie. Avant de dépraver les consciences, il inaugura chez lui, par ses propres écrits, la dépravation du bon goût et de la littérature. Les rêves d'un malade ont quelquefois de l'attrait pour les esprits maladifs. La jeunesse des écoles était malade à cette époque d'une tristesse vague et rêveuse. C'était le vide affreux creusé par la chûte d'une religion engloutie dans les profondeurs de la pensée ; c'était le désir immense de remplir ce vide. Elle cherchait Dieu et ne le trouvait nulle part ; et il fallait cependant un Dieu pour la consoler. C'est pourquoi quelques jeunes gens écoutèrent avec attention la parole d'un mystique qui promettait une religion nouvelle. Il parlait au nom de Dieu et du peuple. Tout ce que le romanticisme hystérique produisait à cette époque en France et en Allemagne, passait par l'esprit du nouveau prophète qui revêtait les brouillards du nord de quelques reflets du beau soleil d'Italie.

La jeunesse prit ces vains fantômes pour des idées ; elle espéra, elle applaudit. Que d'étudiants, devenus ensuite hommes sérieux, ont appartenus à ce groupe primitif ! Nous avons souvent remarqué, dans le recueil des publications périodiques dirigées par le prophète, une lettre enthousiaste que lui adressait un jeune homme, alors inconnu, et qui devait plus tard trouver dans sa renommée de grand écrivain, une compensation à ses déceptions politiques. Le grand écrivain n'est plus, il est mort dans un exil volontaire ; mais, s'il vivait, il partagerait la douleur de tous ceux qui, poussés par le vent des révolutions, se sont trouvés quelques instants, et à une autre époque, à côté de cet homme de malheur.

L'histoire de sa vie n'est que le récit d'une série d'efforts avortés et de misérables plagiats. Jeune, il vise à la philosophie et, par son impuissance, s'arrête au roman. Il méprise alors ce qu'il ne peut atteindre ; il tourne le dos à la science qui l'ignore; transforme ses adeptes en partisans ; quitte la plume du journaliste et prend la carabine du guérillero. C'est sur une terre étrangère qu'il recrute ses premiers partisans ; puisque son pays indolent ne se décide pas à se soulever, il va, lui, le pousser à l'insurrection, en engageant au pied des Alpes le combat avec ses braves. Mais à l'approche de l'ennemi une discussion orageuse éclate entre lui et un chef militaire qui, revenu à la raison, désespère du succès. Le grand homme a alors un accès de fièvre et de rage épileptique; il tombe évanoui. On était parti pour affranchir une nation, et l'on se voit forcé de rebrousser chemin pour soigner le dictateur.

Depuis ce jour il ne guida plus en personne ses expéditions aventureuses. Ce fut toujours d'un asile bien sûr et bien ignoré qu'il lança ses Argonautes à la conquête du bonnet phrygien. Se méfiant de sa nature trop nerveuse, il dit toujours à ses héros : *allez, réussissez, et je vous rejoindrai.*

Cependant ce qu'il cherchait, ce n'était pas une révolution, mais le pouvoir. Il craignit toujours, à l'égal d'une défaite, une révolution réellement populaire et spontanée échappant à son initiative. Nous avons constaté qu'en 1848 il adressa à ses amis les plus instantes exhortations pour les détourner de toute tentative d'insurrection. Sentant d'instinct que les masses détestent les hommes de parti, il ne se souciait guère du succès d'une nation lorsque le sien n'était pas assuré. Mais la révolution ayant éclaté, malgré lui, ce ne fut pas comme chef d'une secte, mais comme homme de conciliation, qu'il rentra dans sa patrie. Son retour fut précédé de la publication d'un programme par lequel il s'annonçait comme chef d'une association nationale qui ouvrirait ses rangs à tous ceux qui voulaient sincèrement le triomphe de la cause nationale. Par ce changement de rôle, imposé par les circonstances, il s'acquit l'appui momentané de quelques hommes politiques dont il fut abandonné aussitôt que, revenu dans l'exil, il revint aussi à sa terrible monomanie de conspiration dictatoriale et de soulèvements artificiels.

Blessé dans son orgueil par cet abandon, il veut prendre une revanche éclatante : et que fait le malheureux ? il organise l'échauffourée de Milan. Une centaine d'hommes, qu'il envoie à ses frais, se glissent dans la capitale de la Lombardie, gardée par une garnison formidable et par un château plus formidable encore. Il déclara, lui seul, la guerre à l'Autriche et fit engager un combat, à coups de couteaux, contre quelques sentinelles attaquées à l'improviste, au milieu d'une population épouvantée d'un tel acte de démence. On sait les résultats de cet attentat. Le vieux Radetzky en dut bondir de joie ! Les Argonautes envoyés par le conspirateur monomane fournissaient au champion de l'empire Autrichien, l'occasion de la vengeance. Elle fut terrible ! Tous les hommes saisis au hasard sur le théâtre du conflit furent pendus ou passés par les armes ; les cachots se remplirent de suspects, et trois cent millions de biens immobiliers appartenant aux émigrés, furent frappés de séquestre. Le conspirateur monomane se frottait les mains dans son repaire et disait : *il faut recommencer*.

C'est peut-être à ce moment qu'il songea à une combinaison

nouvelle, c'est-à-dire à faire marcher de front l'assassinat politique et les tentatives d'insurrection. Jusqu'alors ses émissaires avaient rodé autour des sociétés, semblables aux bêtes
fauves qui errent la nuit le long de l'enclos, cherchant en quel
endroit ils peuvent entâmer la haie ou escalader le mur. Aujou-
d'hui les voilà atteindre d'un bond au centre même de la société,
un revolver ou une grenade à la main, pour assassiner le Chef
de l'Etat !

Mais à mesure que l'affreux monomane approchait] de la
carrière de ses crimes, il se dénationalisait. Et qui trouverez-
vous donc dans le souterrain de ses complots ? Citez un seul
nom qu'en d'autre temps la patrie ait prononcé avec orgueil ?
Vous ne le pouvez pas. J'y vois bien un charcutier, mais il
ne m'est donné de discerner dans ce souterrain un seul homme
politique connu dans l'histoire contemporaine. Les révolutionnaires eux-mêmes ont voué à la malédiction cet homme qui
n'a aucune foi dans l'esprit des révolutions et qui veut remplacer les arrêts d'une nation par ses propres décisions.
Oui ; les révolutionnaires repoussent avec horreur un homme
qui ne veut devancer les révolutions que parce que, dans son
orgueil insensé, dans son égoisme atroce, il a hypothéqué
toute la révolution européenne au profit de sa bande. C'est
donc la tyrannie de sa bande que les révolutionnaires combat-
traient le jour où la révolution éclaterait. Et quels seraient
donc les lâches qui subiraient la tyrannie de ce monomane et
de son charcutier ?

Les débats des assises, précédés de l'enquête judiciaire,
révéleront quelle part de complicité cet homme a eue dans
le dernier attentat. Mais n'est-ce pas sa faute, si, à chaque
tentative d'assassinat politique, son nom est prononcé ? N'a-t-

il pas ouvert à Londres une banque où l'on escompte l'assassinat ?

Quoi qu'il en soit, ce qui est bien établi, c'est que ces attentats ne sauraient être imputés qu'à la monomanie d'un conspirateur ou à la contagion dont ses semblables seraient atteints. Il serait possible qu'il eût des émules ou des *confédérés* que les lauriers du chef empêchent de dormir. Mais il n'en est pas moins vrai que le centre de la contagion, c'est lui ; c'est lui qui se révèle désormais comme le banquier du régicide. Tous ces Catilinats de bas étage qui lui tourbillonnent tout au tour, les poches remplies de pistolets et de faux passeports, sont animés de son esprit.

C'est son esprit qui a animé la dernière bande des jeteurs de bombes, dont le chef voulait peut être faire honte aux préoccupations personnelles du *prophète de l'idée* en conduisant lui-même, en personne, ses adeptes à l'assassinat C'était là peut-être un nouveau candidat éventuel à la dictature de la révolution italienne, un futur Robespierre militaire repoussant d'avance, par ses exploits audacieux, le retour au pouvoir de l'ancien triumvir de Rome, qualifiés peut-être de girondinisme par les Marats cosmopolites qui cherchent un dernier repaire dans les brasseries britanniques.

En tout cas le *prophète de l'idée,* en exploitant la misère de quelques scélérats, n'a contribué par ses attentats, qu'à faire reculer le progrès. Tous les ennemis de son pays ont profité de ses complots avortés pour concentrer et pour fortifier davantage leur pouvoir. Mais l'avant-dernier attentat, dirigé par lui contre le plus puissant ami que puisse avoir sa nation, a dû réjouir tous ceux qui ont intérêt à retarder, à entraver, autant qu'il est possible, les effets de cette amitié providentielle. Il paraît même que cet attentat a éveillé des espérances dans le cœur d'un potentat qui représente la contre-révolution, comme l'Elu du suffrage universel qui gouverne la France est le symbole vivant du progrès par l'Autorité Nationale. Il est tout naturel que le Souverain qui a dit : *Ni despotisme, ni anarchie,* soit détesté par les despotes et par les anarchistes; et que celui qui adresse des paroles d'espérance aux peuples aspirant à la Nationalité soit détesté par les ennemis de toute Nationalité.

Il n'est donc pas sans intérêt, après avoir caractérisé l'attentat des anarchistes. d'indiquer les haines et les arrière-pensées d'une monarchie despotique.

Disons d'abord que l'Empire français est l'objet de haines politiques et de haines nationales; et quelquefois même ces deux haines se confondent en une seule, lorsqu'on le considère comme la forme nouvelle dont s'est revêtue la Nationalité Française. Et cette forme pourtant est le résultat d'un long travail et de l'enfantement laborieux des révolutions ; et c'est par cette forme que la France. en butte aux factions depuis la chûte du premier Empire, trouvera à l'ombre de l'Empire restauré la paix, la force et la gloire. C'est cette force. c'est cette gloire qui désespère les ennemis de l'Empire. Tous ceux qui rêvent une liberté arbitraire, parce que dans l'impuissance et dans la corruption de leur esprit ils ne savent comment s'élever à la conception de la loi, tous ceux qui, désirant l'affaiblissement de la France, voient qu'elle n'est forte que par la force du Gouvernement Impérial, tous ces vieux débris de dictatures de carrefour, tous ces fantômes de vieux despotisme sont émus d'une haine indicible à la vue d'une dynastie à laquelle la Providence a confié la mission d'opérer la transition entre le passé et l'avenir, et de préparer la conciliation définitive entre l'ordre et le progrès.

Il est un pays en Italie qui gémit autant de la tyrannie des hommes que du caprice des forces physiques ; et ce pays c'est Naples. La nature y suit l'exemple du Gouvernement ; elle y procède arbitrairement et par des bouleversements géologiques. Le Gouvernement représente encore les premières fureurs d'une restauration qui se venge, comme dans la pensée de quelques émigrés s'est immobilisée la première rage d'une émeute qui éclate. Ce n'est pas une émeute qui peut effrayer ce Gouvernement : ce qu'il craint c'est une révolution nationale provoquée par quelque grand événement. Quant aux émeutes, il paraît d'après une correspondance particulière, qu'il aime à y puiser de temps en temps de nouvelles forces et de nouveaux pretextes pour sévir. Ainsi l'on a remarqué, après l'expédition de Pisacane, que les hommes désignés comme ayant poussé à l'exécution du complot n'étaient nullement molestés, tandis que ceux qui passaient pour s'y être opposés étaient incarcérés.

Ce gouvernement veut quelquefois se venger de l'abandon où il se trouve en inspirant de la haine contre ceux qui l'ont abandonné, ou bien il veut pallier son infériorité politique en abaissant par la critique les autres gouvernements. C'est peut-être dans ce double but qu'une brochure a été publiée à Naples pour décrier les hommes d'État les plus marquants de l'Europe. Mais ce qui fait de cette brochure une singularité de l'époque, c'est que l'auteur propose au Piémont de rompre avec les Puissances Occidentales et de contracter une alliance avec le monarque des Deux-Siciles pour chasser les Autrichiens de l'Italie.

Cette littérature équivoque, tolérée par un gouvernement absolu, appuyé de l'Autriche, n'est qu'une duperie visant à populariser la tyrannie, en flattant l'espoir des amis de la cause nationale. En effet, il est si vrai que ce gouvernement compte sur l'appui du cabinet de Vienne, qu'un des membres de la famille royale avouait, dit-on, dans un entretien intime qu'il craignait bien plus l'*homme de Paris* que lord Palmerston, attendu que l'Autriche le garantissait à l'égard des intentions de l'Angleterre. Il ne se sentait menacé que par la France Napoléonienne.

Il paraît, d'après une autre correspondance, que ce qui désole surtout ce gouvernement, c'est la grandeur de la France et le pressentiment de la mission qu'elle doit accomplir dans le monde par la dynastie actuelle. La durée de cette dynastie le terrifie. Il voudrait affaiblir dans l'opinion publique la croyance dans cette durée, parce qu'il y voit un danger permanent; c'est pourquoi il fait circuler à tout moment, et sous toutes les formes possibles, des bruits annonçant la mort de Napoléon III; et par là il prépare en même temps les esprits aux évènements qu'il désire voir se réaliser.

Quelquefois ces bruits, répandus par des agents intimes du Gouvernement Napolitain, sont de nature à se demander s'ils ne révèlent que les illusions de l'espérance ou de ténébreux complots. On a su que le marquis S....., envoyé napolitain à Paris, écrivait à un des princes de la famille royale qu'une révolution était imminente à Paris. Un attaché de la légation Sicilienne, résidant dans un pays limitrophe de la France, répétait par écrit le même bruit, et annonçait à ses amis de Naples que le dernier résultat de cette révolution serait le retour en France de la branche cadette des Bourbons. Il paraît que quelques-uns de ces rétheurs, à la sagesse desquels Louis-Philippe fut redevable de sa chûte, contribuent à entretenir par leurs correspondances les folles espérances des princes napolitains. Un de ces anciens sauveurs de dynasties écrivait de

Paris qu'un évènement allait avoir lieu en France dont son parti profiterait ; et il adressait à un duc napolitain une lettre par laquelle il rassurait les Bourbons de Naples et les engageait à compter sur un prochain et meilleur avenir. Ces témoignages de sympathies prodigués par de prétendus libéraux orléanistes à un monarque absolu constatent une fois de plus, si les renseignements sont vrais, le caractère de cette politique égoïste qui a fait si souvent abstraction des intérêts généraux de l'époque. Les hommes de la paix quand même et à tout prix, n'ont jamais compris que la France est le génie protecteur de la civilisation, et que lorsqu'elle ne s'occupe que de ses intérêts elle descend du rang auquel Dieu l'a élevé. Ils ne comprennent pas que la France, étant comptable de sa puissance à toute l'humanité, doit quelquefois sacrifier une portion de sa liberté à sa grandeur nationale.

Quoi qu'il en soit, les espérances entretenues par ces libéraux au sein des absolutistes firent éclater, à la fin de l'année une grande joie chez ces derniers. A un grand diner, donné à Naples par le préfet de police, on parla, dit-on, d'une insurrection qui se préparait pour le 2 décembre 1857 à Paris ; et les propos les plus joyeux furent tenus à ce sujet. Mais un nouveau délai a été accordé peut-être par ces messieurs à l'insurrection annoncée. Peut-être aussi ce ne sont là que des espérances ; cependant les fréquents voyages des princes de la famille et des agents intimes du gouvernement font supposer de nombreuses intrigues. Les correspondances des journaux se sont occupées de ces voyages, et l'on a su qu'un de ces princes parti de Naples, s'aboucha à Livourne avec le grand-duc de Toscane, prit à Florence le nom de François d'Arques, et se rendit ensuite à Turin. — D'un autre côté, le comte de P...., agent des Bourbons de Naples à Londres, reçut l'ordre de se rendre à Paris, puis contre-ordre pour revenir à Naples. Aussitôt arrivé dans cette ville, il partit ponr Gaëte, où il parla au Roi. Il devait se trouver à Paris à la fin de novembre ; et il a été souvent question des sommes énormes dont il peut disposer.

Ajouterons-nous un nouveau détail ? Un domestique du comte de T.....i arriva à Paris le 1<sup>er</sup> août 1857. Avec quelle mission ? On l'ignore ; mais ce qui porterait à supposer que quelque chose se tramait, c'est qu'on entendit la sœur de cet homme dire que si son frère reussissait, leur avenir était à jamais assuré.

Maintenant le Roi lui-même mit, pour ainsi dire, son cachet à toutes ces haines suscitées contre l'Empire français, lors de la réception de l'ambassadeur espagnol, en lui disant qu'il fallait sérieusement songer à resserrer les liens de famille, car les Bourbons étaient menacés par l'*homme de Paris*.

Telle est donc la situation de l'Empire. Il paraît que la nécessité providentielle de son existence et de sa constitution n'est comprise ni par les hommes qui appartiennent exclusivement au passé, ni par ceux qui se mettent dans l'impossibilité de pressentir ou de préparer l'avenir en se livrant aux rêves de leurs utopies. Au dehors, tous ceux qui désirent l'abaissement de la France veulent le renversement de l'Empire, et ces espérances criminelles trouvent peut-être un écho à l'intérieur, au sein des factions écrasées par le suffrage universel. L'Empire a contre lui toutes les factions, parce qu'il est national ; il a contre lui toutes les utopies, parce qu'il est la raison même de l'histoire moderne.

La France fut créée pour être puissante dans l'intérêt de l'humanité. L'Empire la rend telle : de là, sa légitimité, de là, l'impiété de tout effort pour l'ébranler. Mais, malgré le frémissement de ses ennemis désespérés, l'Empire français, secondé dans son œuvre par tout ce qu'il y a en Europe de réellement noble et puissant, achèvera la mission que le ciel lui a confiée.

S'il veut tendre la main à la plus noble, à la plus malheureuse des races latines, il trouvera en elle une alliée forte et puissante. La France et l'Italie sont sœurs, et les bombes jetées par quelques assassins ne désuniront pas ce que Dieu a réuni.

Ces assassins ont compté sur un moment d'interrègne. Ils ont voulu remplacer la mort pour saisir le moment où le pouvoir perd son unité en perdant le Chef de l'État. Leurs calculs ont été déjoués par la Providence ; et leur attentat aura contribué à fixer davantage l'attention du législateur sur la nécessité de prévoir et d'éviter toute solution de continuité dans l'exercice perpétuel et absolu de l'autorité souveraine. Il faut que cette autorité soit à tout moment une et irrésistible ; c'est-là le vœu de tous les hommes sincèrement attachés à la dynastie actuelle.

On sait aussi que le but que se proposent ces hommes de sang c'est de provoquer par leurs attaques les réactions du pouvoir, afin de rendre toute pacification impossible. Ils ignorent que tout pouvoir national ne réagit jamais que dans l'intérêt du salut public, dont il ne saurait jamais dépasser la limite ; sa réaction n'est que l'accomplissement de la volonté du peuple qui se sent atteint et outragé dans la personne de celui qui représente la majesté nationale.

Ce n'est pas la liberté que quelques hommes demandent ; c'est l'impunité de la conspiration. Ils voudraient, à leur aise et sans danger, calomnier et diffamer à petit bruit le pouvoir ; lui enlever peu à peu tout prestige ; habituer les esprits à le mépriser ; préparer, en un mot, le terrain pour y jeter les ger-

me de la guerre civile et féconder ces germes du souffle d'une
implacable inimitié. Ces malheureux ne font qu'ajourner l'avé-
nement de la liberté ; car sa première condition d'être, c'est
le respect de l'autorité.

Quant à ceux qui se plaisent à faire croire que la France est
actuellement isolée, l'histoire répond en mettant en regard
de ce prétendu isolement, l'isolement où se trouva la grande
nation en 1840 et en 1841 sous le règne de Louis-Philippe.
Et qui peut donc sans rougir rappeler cette déplorable époque
d'abaissement national ? Et ce sont ceux qui ont contribué
à cet abaissement, qui parlent d'isolement ? Et ils ont choisi,
pour en parler, le moment où le Congrès de Paris va continuer
son œuvre de réorganisation internationale !

La France n'est actuellement isolée que dans l'esprit de ses
impuissants ennemis. Elle est toujours, et plus que jamais, le
centre et le cœur de la vie des nations; elle a pour elle l'alliance
d'un grand Empire qui règne dans le monde par le commerce
et par l'industrie ; elle a pour elle l'amitié sincère d'un Souverain qui, marchant sur les traces de ses glorieux prédécesseurs,
ouvre une nouvelle époque de régénération à ses peuples, par
l'émancipation des serfs initiés progressivement à la vie
sociale des nations occidentales.

L'œuvre de transition que Napoléon III accomplit à l'Occi-
dent entre le passé et l'avenir est ainsi continuée au Nord par
un monarque vers lequel tournent les yeux, tous les Slaves de
l'Europe et les peuples de l'Asie septentrionale. Ce monarque
veut conquérir à la civilisation tous ses sujets : c'est ainsi qu'il
veut couronner l'édifice gigantesque que Pierre le Grand a
fondé.

Ainsi donc, l'autocratie devient en Russie la dictature pater-
nelle de la civilisation, et la monarchie, démocratisée en

France par le suffrage universel, prend la forme d'un arbitrage suprême chez elle et à l'extérieur; chez elle, en maintenant l'accord et le respect réciproque des classes, en appelant le proletariat à de grands travaux, en protégeant le mouvement industriel, elle assure la paix à une société menacée naguère par une révolution sociale et en travail de transformation; à l'extérieur, elle prend acte des réclamations des peuples et donne des conseils aux rois. Malheureusement ces conseils rencontrent parfois des résistances périodiques et dangereuses qui, tantôt révèlent la méfiance de tout ce qui est progressif et providentiel, tantôt éclatent comme le symptôme agitateur d'un antagonisme national qui n'est plus de notre époque. D'un autre côté, les sectaires démagogiques semblent prendre à tâche de justifier ces résistances, soit par leurs attaques désespérées, soit par leurs crimes. C'est alors que le pouvoir attaqué invoque le cas de légitime défense, et se refuse à toute espèce de concession. En effet, la tentative insurrectionnelle de Sapri devança les exhortations respectueuses que la France allait adresser à la cour de Rome pour l'encourager à reprendre l'initiative des réformes, et l'attentat du 14 janvier précédait l'ouverture du Congrès de Paris, comme si les conspirateurs avaient voulu, par l'écho prolongé de l'éclat de leurs bombes, couvrir la voix de la France plaidant devant les potentats de l'Europe la cause des nationalités.

En un mot : nous avons constaté la coïncidence des espérances et des prévisions de quelques princes absolutistes, avec le dernier attentat démagogique. En supposant que cet horrible attentat eût profité de prime abord à la cause démagogique, il n'eût servi définitivement qu'à raffermir une dynastie ébranlée, en ramenant au trône des dynasties vaincues. On serait donc porté, d'après ces données, à croire à l'existence d'une coalition d'intrigues dynastiques et de menées insurrectionnelles ; et dans ce complot le parti révolutionnaire serait la dupe ; et quelques hommes réactionnaires, agissant par intermédiaire, seraient les acteurs cachés de ce drame mystérieux.

Mais saura-t-on jamais le nom de ces entremetteurs d'iniquités faisant un appel occulte aux sicaires de la démagogie, pour frayer la route à des dynasties qui ont régné par la défaite de la patrie, et par l'abaissement de l'esprit national ?

Paris. — Typographie A. LEBON, rue des Noyers, 4.

9 782012 485044